I0004563

Videoconferencias con Adobe Connect.

Guía básica para el participante y el presentador.

VICENTE E. BRESÓ FLORES

Copyright © 2015 Vicente E. Bresó Flores

Todas las marcas mencionadas están registradas por sus respectivos
fabricantes

All rights reserved.

ISBN: 1514717956
ISBN-13: 978-1514717950

Este libro está dedicado a Xavi, Sergi y María José

CONTENIDO

Adobe® Connect™

Polycom

Las videoconferencias se están usando actualmente para la impartición de clases o cursos a distancia Online, para reuniones de trabajo que evitan desplazamientos innecesarios, y también como una forma sencilla de contacto entre personas, familiares y amigos a distancia.

Hoy en día son muchas las soluciones disponibles para la realización de videoconferencias a distancia a través de Internet. Todos conocemos programas de ordenador o aplicaciones similares al conocido 'Skype' que nos permiten mantener una conversación de audio a través de Internet y que, al mismo tiempo, nos permiten ver a nuestro interlocutor.

En esta guía vamos a hablar de uno de los sistemas más utilizados para la realización de videoconferencias web que no requiere la instalación de un software específico ni del registro previo de usuarios participantes: Adobe Connect.

Esta plataforma nos permite conectar hasta un máximo de 99 participantes simultáneos en la misma sala de videoconferencia combinando video, audio y presentaciones consiguiendo una comunicación de calidad entre los participantes.

1

VIDEOCONFERENCIAS WEB

Participar en una videoconferencia es tan sencillo como instalar en nuestro ordenador personal un software específico, o bien usar una plataforma de videoconferencias-web como Adobe Connect.

La diferencia entre los dos sistemas radica en que si optamos por un software de videoconferencia, éste deberá ser instalado por los diferentes interlocutores en sus ordenadores. La aplicación para todos ellos debe ser la misma o de características similares. Sin embargo, mediante una videoconferencia web o webconference, la única condición para que se pueda realizar es que todos los participantes dispongan de un navegador web actualizado.

En el primer caso, por ejemplo en la utilización de Skype, debemos disponer de una cuenta, tanto un interlocutor como el otro, para poder comunicarnos. Se realizaría la "llamada telefónica" a un usuario determinado y no a un número de teléfono.

Otro sistema de videoconferencia con más calidad pero con requerimiento de software específico es la utilización de programas de videoconferencia IP usando el estándar H.323. Consiste en instalar también un software para ello (en ocasiones de pago) por parte de los dos o más interlocutores y realizar la 'llamada telefónica' a una dirección IP de destino, no a un usuario.

En nuestro caso, nos vamos a centrar en un sistema de videoconferencia en el que ningún participante debe instalar ningún programa en su ordenador. Simplemente se requerirá que los participantes se conecten a una URL o dirección de Internet, y así automáticamente podrán participar en la videoconferencia. Pero sin haber creado una cuenta en ninguna web, ni haber descargado ni instalado ningún software ¿es esto posible?

La respuesta es afirmativa. A este sistema de videoconferencia usando un navegador web habitual, lo denominamos Videoconferencia Web.

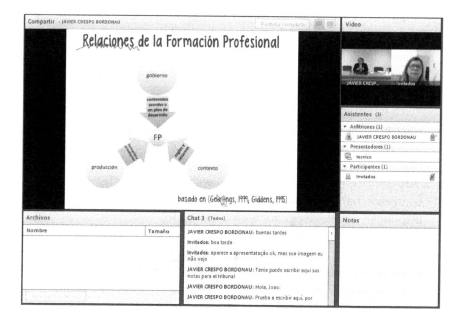

2

REQUISITOS PARA PARTICIPAR EN UNA VIDEOCONFERENCIA WEB

Para poder participar en una videoconferencia con este sistema, además de disponer de conexión a la red/Internet fiable, será necesario un dispositivo adecuado para ello, bien sea un ordenador personal con los sistemas operativos habituales como dispositivos portátiles que lo permitan por contar con conexiones de datos o inalámbricas.

Por ejemplo, la mayoría de ordenadores actuales permiten la conexión de una webcam, que además suele incluir su propio micrófono incorporado. De hecho, infinidad de ordenadores portátiles ya incorporan en su pantalla la webcam en cuestión y un micrófono colocado en el chasis de la máquina, que podremos usar para mantener nuestra videoconferencia.

Las videoconferencias web funcionan en ordenadores fijos o portátiles con distintos sistemas operativos (Windows, Mac OS, Linux) con diferentes navegadores web (Internet Explorer, Firefox, Chrome, Safari, etc.) que tengan instalado un Flash Player actualizado.

Realmente las videoconferencias se realizan en 'salas de reuniones en línea' usando una aplicación Macromedia Flash de Adobe ejecutándose en una ventana del navegador web mediante el uso de Adobe Flash Player, por lo que únicamente se recomienda disponer de un Flash Player actualizado para nuestro navegador web.

Se aconseja también que los asistentes a las sesiones utilicen auriculares, en lugar de altavoces, para evitar ecos y ruidos molestos hacia el resto de participantes. Es habitual y recomendable la utilización de auriculares con micrófono incorporado para mayor comodidad.

Como comentamos, también es posible participar en una sala virtual de conferencias desde dispositivos portátiles, BlackBerry's y smartphones con sistemas Android o iOS (iPhone, iPad, Tablets, etc), aunque para estos dispositivos sí que será necesario instalar una aplicación en sustitución del Adobe Flash Player, no disponible para estos dispositivos.

Adobe proporciona el acceso a un test de conexión que verifica que, tanto nuestro ordenador/equipo como la conexión a la red, cumplen con los requisitos básicos de funcionamiento. Si al realizar el test se superan los tres primeros pasos de la prueba, podremos decir que nuestro equipo está configurado correctamente para participar en la videoconferencia.

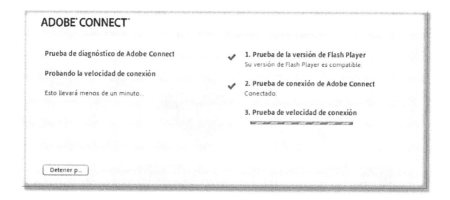

Podemos realizar este test desde la URL siguiente:

http://admin.adobeconnect.com/common/help/es/support/meeting_test.htm

En resumen, para asegurar nuestra participación en una videoconferencia Connect deberemos:

1.   Comprobar que disponemos de una webcam y micrófono correctamente instalados y configurados en nuestro sistema operativo.
2.   Disponer de una conexión a Internet fiable.
3.   Comprobar que tenemos actualizado nuestro Flash Player
4.   Ejecutar y superar el test de conexión de Adobe.

3

¿CÓMO FUNCIONA CONNECT?

Adobe Connect es un producto comercial y tiene un coste para los anfitriones u organizadores que no repercute a los participantes.

Éstos únicamente acceden a una URL y no deben instalar ni comprar software alguno.

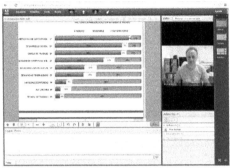

Para poder trabajar sobre una sala virtual mediante la plataforma Connect, es necesario que el organizador de la videoconferencia haya adquirido una sala virtual comprándola previamente a Adobe, eligiendo entre diferentes modalidades. También es posible alquilarlas durante un periodo determinado y Adobe se encarga de mantenerlas operativas.

Esas salas compradas o alquiladas llevan asignada una URL, que es la que se proporciona a todos los participantes, por lo que el organizador de la videoconferencia proporciona esta URL a los mismos que accederán a la misma el día y hora acordado y mantendrán así su videoconferencia.

Ejemplo de URL de una sala:
http://mi-organizacion.com/videoconf03

Una vez finalizada la reunión o el evento, se puede limpiar la sala de contenidos utilizados y dejarla preparada para el siguiente uso.

Por nuestra parte vamos a centrarnos en el acceso –no en la administración- a estas salas virtuales, que es lo que habitualmente hacemos los participantes y presentadores de la videoconferencia.

4

¿QUIÉN PUEDE PARTICIPAR EN ESTAS SALAS VIRTUALES?

Normalmente, cualquier persona que conozca la URL de la sala de videoconferencia puede acceder a la misma para participar en el evento. Aunque esto puede variar dependiendo de la configuración de la sala por parte de los propietarios o inquilinos (administradores), ya que pueden configurarla para que se solicite una contraseña, se acceda con un usuario determinado, o incluso denegar la participación a usuarios no registrados previamente.

En una videoconferencia convencional, los organizadores disponen de permisos para poder configurar la sala, elegir el aspecto de la misma, etc. y otorgar permisos especiales a participantes en un momento dado.

Habitualmente, el organizador de la reunión accede a la sala con antelación, la configura a su gusto y elige si los participantes pueden o no hablar sin permiso, o incluso si debe funcionar su cámara web.

El anfitrión irá comprobando cómo van accediendo los participantes. Puede darles permiso para que activen su micrófono y cámara web, e incluso puede permitir que sean los participantes los que hagan de presentadores y muestren una presentación, por ejemplo, para el resto de asistentes.

Más adelante veremos con más detalle qué pueden hacer un presentador y un participante en la sala virtual.

Aunque vayamos a acceder como participantes a una sala de reuniones, no está de más conocer el tipo de usuarios que pueden aparecer dependiendo de los permisos de que disponen en la misma.

Perfiles de usuarios que participan en una reunión web:

- **Participantes**. Los participantes son meros 'televidentes' y pueden ver y escuchar la videoconferencia, pero no tienen posibilidad de activar el micrófono ni la webcam. Únicamente pueden participar en un chat público o pedir permiso para participar activamente con un botón "levantar la mano".

- **Presentadores**. Los presentadores pueden hacer una presentación completa al resto de los asistentes. Pueden activar su cámara web y micrófono en cualquier momento e incluso dar permisos a Participantes, usuarios de rango menor.

- **Anfitriones.** Son los organizadores de la reunión. Disponen de los mismos permisos que los presentadores, pero además pueden configurar la reunión, variar tamaño de las ventanas, iniciar o parar la grabación de la sesión, añadir, modificar y quitar componentes, encuestas, etc. Pueden convertir a participantes o presentadores también en anfitriones.

- **Administradores.** Como su nombre indica, administran las salas virtuales. Disponen de todos los permisos para la administración del sistema, crear salas nuevas, dar de alta usuarios anfitriones y en definitiva los que dirigen la plataforma.

5

ACCESO A LA SALA COMO PARTICIPANTE

Los participantes en una videoconferencia deben recibir la URL de la misma que será enviada por el anfitrión del evento, junto con el día y hora del mismo.

Un ejemplo de url de sala podría ser:
http://miempresa.com/webinar01

En muchas ocasiones el anfitrión realiza videoconferencias de prueba, con anterioridad al evento, con la finalidad de realizar pruebas de sonido, video y para que los participantes se familiaricen con la aplicación web.

Accederemos a la URL de la videoconferencia tecleándola en el navegador web, y entraremos en la página principal de la misma donde se nos solicitará identificación. Si el anfitrión únicamente nos ha proporcionado la URL podremos acceder como "Participante", aunque en ocasiones se nos facilitará un usuario y contraseña específicos para el acceso.

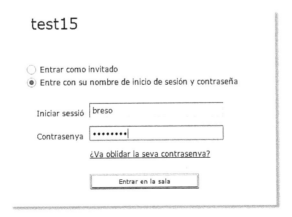

Una vez accedamos, esperaremos unos segundos hasta que aparezca la ventana con la sala de videoconferencia.

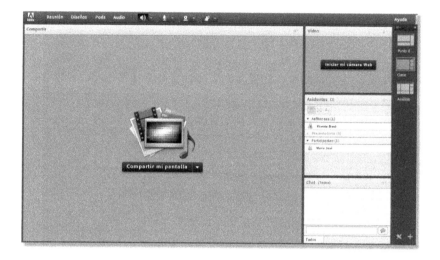

6

VENTANAS EN PANTALLA. PODS.

Ventana de video. Es la ventana donde se visualiza la cámara web del anfitrión, y la de todos aquellos participantes que dispongan permiso para ello.

Todos los usuarios que activen su cámara web se van situando en esta ventana y podemos verlos conjuntamente.

En esta ventana visualizamos el botón "Iniciar mi cámara web" que pulsaremos para ello. A continuación nos puede aparecer una ventana emergente que nos solicitará permiso para acceder a la activación de la cámara, y sólo nos faltará pulsar sobre la opción "Iniciar uso compartido" para que nuestra imagen sea vista por el resto de los participantes.

En la parte superior de la pantalla principal disponemos también de un botón para la activación/desactivación de nuestra cámara en cualquier momento. Junto a este botón también aparece el de activar/desactivar nuestro micrófono y el de "levantar la mano" si queremos solicitar al anfitrión nuestra participación.

Asistentes. La ventana de Asistentes contiene la lista de todos los participantes conectados en la videoconferencia clasificados por los permisos que de disponen.

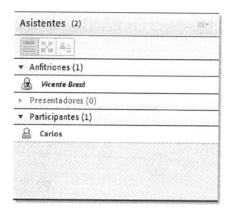

Chat. Es la ventana que nos permite acceder a un chat visible por todos los participantes y que se utiliza para realizar comentarios mientras se realizan las presentaciones. Asimismo en esta ventana puede aparecer una pestaña con el chat privado (no público) que mantengamos con otro participante o presentador.

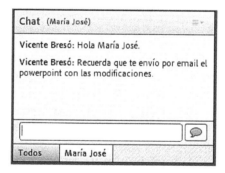

Presentación

En esta ventana se visualiza un documento o presentación elegida por el anfitrión. Puede mostrar un archivo Powerpoint, Word o PDF entre otros, pero también una pizarra o incluso el escritorio del ordenador según proceda.

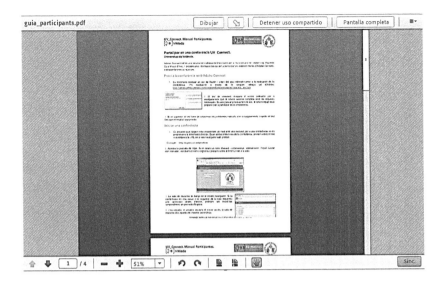

Otras ventanas/Pods

En un momento dado, el presentador o anfitrión puede añadir nuevos Pods o componentes disponibles con otras finalidades.

Archivos. Enlaces a archivos que podemos abrir/descargar.

Notas. Anotaciones de interés para el presentador y que quiere que visualicemos.

Vínculos web. Enlaces o hipervínculos a URL's de interés para los asistentes.

Preguntas y respuestas. Pod que se utiliza por parte del presentador para lanzar una pregunta y poder visualizar las respuestas a la misma de forma organizada.

Encuestas. Es el módulo que se puede lanzar, normalmente al final de la presentación, para evaluar la sesión por parte de los asistentes y mostrar los resultados en directo.

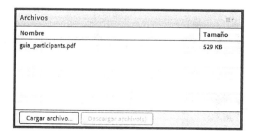

Escalado a presentador

En un momento determinado, con la reunión o videoconferencia iniciada, puede ser interesante o necesario que un participante pueda realizar una presentación o simplemente realizar su aportación a la reunión. Para ello será necesario disponer de permiso de Presentador, que deberá otorgar al participante el anfitrión de la misma.

El anfitrión pulsa sobre el nombre del participante en la ventana de asistentes y lo convierte en Presentador. A continuación el nuevo Presentador debe activar su micrófono y/o cámara web con los botones que le aparecen en la parte superior.

A partir de ese momento es un presentador más, y puede incluso usar el pod de presentaciones "subiendo" una nueva presentación que será visible por la totalidad de los participantes.

7

ACCESO A LA SALA COMO PRESENTADOR/ANFITRIÓN

Tanto si somos los organizadores de la reunión/anfitriones, como si somos participantes y nos han dado permisos de presentador vamos a comentar las tareas básicas a realizar cuando tenemos permisos para configurar la reunión a nuestro modo.

En primer lugar, una vez dentro de la sala, comprobaremos que –efectivamente- disponemos de los botones que nos permiten activar/desactivar la cámara y micrófono de la parte superior y activaremos lo que proceda.

Recordamos que cuando pulsamos sobre el botón que activa la cámara, en primer lugar nos aparecerá una ventana que nos solicitará permiso para que Connect se haga con el control de la cámara o micrófono.

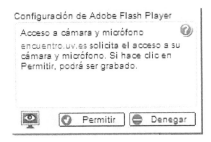

"Permitiremos" y nos aparecerá en la ventana de video nuestra imagen que sólo será compartida y visible para el resto de los participantes si pulsamos sobre la opción "Iniciar uso compartido".

Compartir nuestra presentación.

Al seleccionar la opción "Compartir mi pantalla" nos aparecerán tres opciones:

- Compartir mi pantalla
- Compartir documento
- Compartir pizarra

Y al elegir cualquiera de ellas se nos mostrará normalmente una ventana que indica que hemos de instalar un componente llamado "Adobe Connect Add In". Después de aceptar, se descargará automáticamente y se instalará en unos segundos.

Nota: Puede aparecer un error si existe alguna incompatibilidad con el navegador web que estamos usando. Si es así estaremos obligados a usar otro navegador distinto que sí permita compartir o bien, a actualizar el existente hasta que desaparezca el error.

Error launching Adobe Connect Add-in

Adobe Connect Add-in is incompatible with default settings of your version of Google Chrome.
While we work on a solution, please change your default settings as explained here or use another supported browser.

Aceptar

Compartir mi pantalla

Podremos indicar si queremos compartir una aplicación activa en nuestro ordenador o el escritorio de nuestro ordenador para que sea visible por la totalidad de los asistentes.

Esta opción es muy interesante porque nos permite mostrar archivos de determinadas aplicaciones a los participantes, y que no son soportados por Adobe Connect. Comentábamos que únicamente se pueden mostrar o trabajar con archivos Powerpoint, Doc y PDF's, pero... ¿y si quiero mostrar datos de una aplicación de CAD, estadística o simplemente un juego de ordenador?

Si la tengo instalada en mi ordenador puedo compartir la ventana de la aplicación en cuestión y enviar a los participantes mi ventana.

Lo mismo ocurre si deseo enviar a los participantes todo lo que se visualiza en mi ordenador: compartiré mi Escritorio.

En alguna ocasión se ha usado este sistema de compartición de escritorio para ofrecer soporte online a otro participante. De hecho no es difícil... Yo puedo mostrar mi escritorio a todos los participantes y otro presentador mueve el ratón de mi ordenador y -por ejemplo- arreglar algo que yo no podía o sabía solucionar...

Compartir documento

Es la opción más utilizada y más habitual. Con "Compartir documento" se nos permitirá buscar en nuestro ordenador el fichero que queremos mostrar a los participantes y que usaremos para nuestra presentación.

El fichero en cuestión puede ser de tipo Microsoft Powerpoint (PPT ó PPTX), PDF, DOC, DOCX y pocos más.

El archivo que seleccionemos y que vamos a "subir" a la plataforma sufrirá un proceso de transformación a un formato llamado "Adobe Presenter", que es el que se utilizará para compartir con todos los participantes.

Este proceso de conversión puede tardar hasta varios minutos dependiendo del tamaño del archivo o del contenido del mismo.

Se recomienda, por tanto, subir los archivos de presentación a la plataforma antes del evento, por si se necesitan varios minutos para la conversión y así no hacer esperar a los participantes.

En cualquier caso, y para tener la total seguridad de que no surgen problemas en la conversión, por incompatibilidad entre versiones de Microsoft Office hacia Adobe Presenter, se suele recomendar a los ponentes que dispongan de un par de versiones de su presentación (una más moderna y otra con formato de una versión anterior) por si fallara la conversión. O también es una buena costumbre disponer siempre de una copia de la presentación en formato PDF para evitar estos posibles problemas (un PDF de Adobe se convertirá correctamente a Adobe

Presenter).

Una vez cargada la presentación nos aparecerá bajo la misma la barra de botones que nos permitirá avanzar, retroceder, hacer zoom, girar la diapositiva, etc.

Compartir pizarra

Tenemos la posibilidad de mostrar a los participantes una pizarra de dibujo a mano alzada para lo que proceda. Podremos dibujar piezas, escribir textos con colores, y usar unas pocas utilidades básicas de las aplicaciones de dibujo.

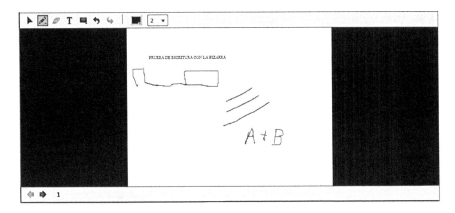

En la parte superior de nuestra presentación nos aparecerá el botón que permitirá dibujar o remarcar zonas de la presentación, ponerla en pantalla completa, y el botón para finalizar el uso compartido cuando acabemos nuestra presentación.

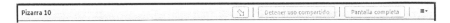

8

PARTICIPAR EN LA VIDEOCONFERENCIA DESDE UN DISPOSITIVO PORTÁTIL

Como indicábamos anteriormente, también es posible participar en una videoconferencia de Connect con un dispositivo portátil (iPad, tablet, Smartphone, BlackBerry o cualquier otro dispositivo con sistema operativo iOS o Android).

Si tomamos como ejemplo un Smartphone con sistema operativo Android, podemos buscar la aplicación Adobe Connect Mobile en la Play Store o descargándola desde la web de Adobe.

Cuando iniciemos la instalación nos solicitará los permisos habituales sobre la utilización de la cámara, micrófono y acceso a la red Wi-Fi.

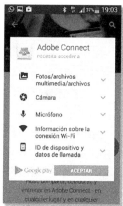

El entorno gráfico de la aplicación Mobile es muy similar a la de Adobe Connect en nuestro navegador web, por lo que no encontraremos problemas en aprender su manejo.

Aparecerán en pantalla las cuatro ventanas básicas (asistentes, video, chat y presentación) asociadas a otros tantos botones en la parte izquierda de la pantalla que nos permitirán maximizar la ventana seleccionada.

El número de ventanas o Pods siempre estará marcado por el anfitrión de la sala y las ventanas necesarias para la videoconferencia.

Igualmente podremos apreciar una serie de iconos en la parte derecha de la pantalla que nos permitirán activar/desactivar la cámara y el micrófono (si el anfitrión nos lo permite) o levantar la mano.

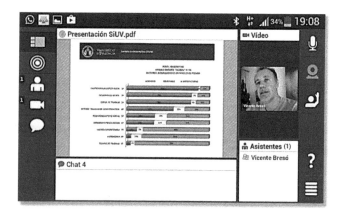

9

PREGUNTAS FRECUENTES

?¿Puedo impartir una clase con este sistema de videoconferencias?

Efectivamente es posible impartir una clase o un seminario con Adobe Connect. Podemos compartir nuestra presentación a todos los participantes, e incluso es posible la grabación de la sesión para su visualización en diferido.

?¿Puedo mantener una reunión desde mi despacho con mi portátil?

Por supuesto. Si nuestro equipo reúne los requisitos mínimos podemos usar nuestro ordenador del despacho con nuestra webcam y micro. Se recomienda usar auriculares en lugar de altavoces para evitar problemas con el sonido.

?¿Se pueden grabar las videoconferencias?

Si. Las reuniones se pueden grabar, pero ha de ser el anfitrión el inicie la grabación de la videoconferencia, ya que es el que dispone de permiso para ello.

?¿Puedo participar en la conferencia desde casa?

Claro que sí. Aunque la calidad de la emisión dependerá de la conexión y ancho de banda que dispongamos en casa. También funcionará mejor o peor dependiendo del número de asistentes que tengan el audio y video activo si nuestra conexión no es muy buena.

?¿He de estar conectado por WIFI o únicamente por cable?

Como es normal se recomienda estar conectado por cable siempre que se pueda ya que la velocidad es superior normalmente. En el caso de conectarse con un Smartphone o dispositivo portátil con tarifa de datos es necesario que la conexión de datos funcione de forma fluida con el proveedor.

?¿Puedo participar en una reunión con mi tablet o smartphone?

Por supuesto. Es necesario tener instalado previamente el software Connect Mobile para nuestro sistema operativo. Está disponible gratuitamente para iOS, Android y Blackberry. Hemos de tener en cuenta que funcionará mejor o peor dependiendo de la tarifa de datos que tengamos contratada, o de la WIFI a la que nos conectemos.

?¿Funcionan estas salas en iPads o iPhones?

Funcionan perfectamente, pero debemos tener instalado previamente el

Connect Mobile. Es gratuito. (Mobile para iOS desde la AppStore)

¿Qué usuario y contraseña he de usar para acceder a la reunión?

Podemos acceder a la reunión como Invitado, a no ser que el anfitrión de la reunión nos proporcione un usuario/contraseña.

¿Pueden funcionar las salas por la tarde o fines de semana?

Efectivamente pueden funcionar en cualquier horario, pero siempre el que el anfitrión decida. Las salas pueden estar abiertas 24 horas los 365 días de la semana. En algunos casos nuestra videoconferencia debe realizarse en horarios de otros países para favorecer la asistencia ¿no?

¿Cuántos asistentes como máximo pueden participar?

Se permite hasta un máximo de 99 asistentes a la reunión. Únicamente hemos de saber que en caso de muchos asistentes, es interesante para el rendimiento de la reunión que se active únicamente el vídeo y audio de los ponentes, no de todos los asistentes.

¿Se puede hacer una prueba anterior a la reunión?

De hecho es recomendable y será indicado por el anfitrión a los asistentes. Muchos anfitriones convocan dos sesiones: una para hacer pruebas unos días/horas antes y otra para la reunión en cuestión.

Si he grabado mi reunión previamente, ¿cómo la puedo volver a ver? ¿la puede ver todo el mundo en diferido?

Si el anfitrión hizo la grabación de la reunión, el mismo anfitrión puede obtener la URL y hacerla llegar a los asistentes, o a los que no pudieron asistir para la visualización en diferido.

¿Puedo hacer que la plataforma se muestre en otro idioma?

Ha de ser el anfitrión el que acceda a la sala y pulse sobre "Gestionar información de la reunión", Editar información, Idioma, English (o el que proceda). A continuación hay que acabar con el botón 'Grabar'.

¿Qué ocurre si un asistente no puede entrar en la sala y sale un error como este?: Error: FMS Server did not return correctly?

Respecto al error, parece que puede aparecer si el usuario tiene cerrado el puerto 1935 en su cortafuegos o en el de la empresa, que se ha de abrir. Es habitual en sitios con muchas restricciones de seguridad. Documentado Adobe: "Error: FMS Server did not return correctly! This error is sometimes seen on County networks or other networks with strict firewall policies. To resolve this, open up port 1935 for the meeting. Request the Connect server IP address if necessary".

SOBRE EL AUTOR

Vicente E. Bresó Flores, nació en Valencia (Spain) en 1971. Técnico superior en desarrollo de aplicaciones informáticas, con más de 10.000 horas de formación informática impartida a la administración y a grandes empresas locales y multinacionales.

Funcionario de carrera, administración especial, en la Universidad de Valencia en la escala técnica de Informática, y responsable de Multimedia en el Servicio de Informática de esta Universidad.

Actualmente es el encargado de administrar la plataforma de videoconferencias, realizar la asignación de salas virtuales, gestionar, editar y publicar las grabaciones correspondientes a la docencia usando el sistema Connect y similares.

Asimismo administra y da soporte a videoconferencias IP H.323, a servidores multimedia y a grabación de videos para la docencia y recursos multimedia.

vicente.breso@uv.es

www.ingramcontent.com/pod-product-compliance
Lightning Source LLC
Chambersburg PA
CBHW060936050326

40689CB00013B/3112